閃 耀 台 灣 三

台灣山鄉原民

徐宗懋圖文館／製作

目錄

閃耀台灣　福照寶島

　　「閃耀台灣」系列畫冊，一套八冊，分別爲《台灣城市建築 1860-1960》、《台灣鄉村景觀 1860-1960》、《台灣山鄉原民》、《台灣近水部落》、《台灣原生物產 1860-1960》、《台灣自然生態 1860-1960》、《台灣往日生活》、《台灣古早容顏》。

　　此八個主題，時間跨越清代、日本殖民時代、光復之後，涵蓋早期台灣的人文生活以及自然景觀，從人們的食衣住行育樂，到鄉野山川中的美麗景致和原始型態皆收錄其中。這些內容、材料均是徐宗懋圖文館過去 20 多年來耗費巨資購買照片原作，以及累積精湛的照片修復技術工藝，所取得歷史照片領域最高的成就。

　　這套畫冊以「閃耀台灣」爲名，台灣這座島嶼無論視野所見，亦或是蘊藏的內涵，都如同寶石般閃閃發光，是閃耀的寶島，期許能將台灣這座寶島所經歷、流淌過的歷史，以照片圖文的形式，親切、大眾化的傳達給大家。簡言之，這一套書代表了閃耀的台灣，福星高照寶島，是一套傳世不朽的台灣歷史影像。

活躍於山間的原民部落

　　以日本的台灣原住民權威森丑之助的圖像原作為底本，使用頂尖上色技術賦予老照片新的生命。不僅結合當今的知識解說，在圖像的藝術性上也達到最高的境界，令觀者震撼不已。事實上，這些作品等於是森丑之助原作的再創作，從而取得了新的突破，可稱之為當代原住民圖像作品的巔峰。

　　《台灣山鄉原民》這本畫冊收錄了日本殖民時代初期，台灣居住於高山林間中的原住民，泰雅族、排灣族、布農族的生活形態與環境之珍貴景象。包含容貌、服飾、建築、器具、文化習俗等紀實照片，泰雅族的紋面與織布技術、排灣族的石板屋與骷髏架⋯⋯，皆豐富地收藏於本畫冊中。

　　這批品質極優的原住民歷史圖像雖然攝製於日本殖民時代初期，但也是在日本軍事力量進入原住民傳統生存領域之初，亦即，尚未對原住民強制實施社會與文化改造、興建近代設施，以及開發林山與礦物。圖像反映的山區景觀與原住民生活狀態，與兩、三百年前的情況是大致相同的。此一時期，原住民與平地或山區邊緣的漢人居民往來，交易物品、武裝衝突，或者通婚往來。有一部分的生活型態甚至可追溯至大量漢人渡海移居台灣之前。因此，透過美麗的圖像，最早滿布原始森林的台灣以及豐富多彩的原住民生態，均一覽無遺。

泰雅族

泰雅族的一位婦人替另一位做臉部刺青

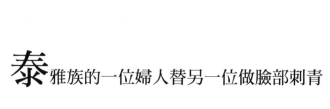

1910 年代，泰雅族部落，一位婦人替另一位做面部刺青。在泰雅族傳統社會中，紋面是資歷和能力的象徵：男子必須曾經出草過，能狩獵養家；女子則能織布和善於打理家庭者，才有紋面的資格，也才具有找對象的優勢。通常女子在兩頰紋面，工具是一支帶針的木耙、木槌、木勺以及染色的布條。顏料來自於木炭泡水後的液體。紋面通常需要花一天的時間，而且非常疼痛，臉部會腫起來，需要休息一周。紋面相當於年輕族人的成年禮，自然也是一場莊嚴的儀式，完成後家人會宴客慶祝。這張照片顯示紋面工作是在光線充裕的戶外白天進行的，是十分珍貴的民族文化影像紀錄。

村民集體大合照 　（12頁）

1910年代，泰雅族村民集體大合照。森丑之助的工作團隊採集原住民生活習俗影像資料時，安排一處泰雅族村民拍攝了此照片。左後方站著幾位日本殖民官員，其中一位是警官，顯示當局的力量已經進入山區。泰雅族人民性強悍，日本時代最大兩次原住民抗爭事件，太魯閣事件和霧社事件，都來自於泰雅族系的太魯閣和賽德克部落。此外，泰雅族沒有鮮明的社會階級制度，所以沒有華麗的貴族服飾以凸顯尊貴的身分地位，男子主要穿戴為、胸兜、上衣、披肩、前遮陰布；穿上不及膝的傳統袍後，掛前帶以左肩右斜方式斜掛。女子則是額帶、胸兜、上衣、披肩、片裙和綁腿；泰雅族人停留時經常蹲在地上，然後以傳統袍裹全身，形成紅白相間的區塊，頗為醒目，也形成泰雅族鮮明的民族形象。

女子織布與傳統高腳屋

1910年代，兩名尚未紋面的泰雅族女子正在做傳統的編布。從布匹的完整度，可以知道她們已經具備非常優秀的編織才能，織布手藝是泰雅族女性十分重要的技能，代表著社會地位。當她們到達適婚年齡時，便有資格在臉上紋面，成為部落中有資格被迎娶且有地位的女人。布匹上的紅色源自於植物薯榔，女子因長時間編織的關係，雙手會被薯榔染紅，泰雅族人相信這樣的印記將在他們死後引領他們到達祖靈的家「彩虹橋」。後方的高腳屋是泰雅族木屋，以木材建成，屋頂覆以茅草屋頂，大多作為穀倉，高腳的目的是防老鼠和蛇類。

一位女子使用簡易空中索道運送物品

1910年代，一位女性背著籐籠使用傳統簡易的空中索道，
將物品運送到山溪的對岸。泰雅族世居中部深山地區，溪
水蜿蜒曲折，村落散布兩旁以近水源。因此，泰雅族人使
用樹籐製作簡易的空中索道，以快速運送採集物資，成為
提高生產力的方式。

搗麻糬與慶典活動以及佩刀武士的戰績

1910 年代，兩個有著紋面的泰雅族女子手執著杵臼在搗麻糬，顯示部落將舉行慶典活動。通常只有在豐收、婚宴或是迎賓的時候泰雅族人才會搗麻糬。搗麻糬也有著分享喜悅的含義存在，以此感謝所有族人為了部落的付出，所以搗麻糬慶祝。左側是一位佩刀的泰雅族武士，刀鞘尾端掛了幾束的頭髮。依習俗，武士出草獵首後，會連皮帶髮割下，掛在巴鞘尾部，作為勝利的展現。掛的頭髮越多，表示獵首越多，在部落的越受尊敬，地位越高。照片中武士的刀鞘尾端掛著好幾束濃密的頭髮，反映了他的豐富戰鬥資歷。

19

婦女所肩負的責任

1910年代，一群婦女在部落的空地集合，她們準備要去山林中採集食物。由於男人都在外狩獵，年紀小的孩子因危險無法與男人們前往獵場打獵，所以照顧孩子成為了泰雅婦女的工作，但每日的工作依舊得進行，她們只得帶著孩子同行，並在過程中教育孩子和認識山林的一切，讓丈夫能無後顧之憂的在外打獵。

女子集體採集

1910 年代，婦女一起去林間採集，領頭的婦女老練地抽著菸斗，帶著三位尚未紋面的女孩準備去山林間採集食物。她們製作精巧的籐籃作為採集物的容器，行走時懸掛於頭部。數百年來，長者們都會將自己的經驗傳承於後輩，好讓年輕的泰雅女孩能學習如何打理家中的一切生計，並有資格在臉上紋面，成為一名值得被迎娶的女人。雖然女人無法參與狩獵，但除了獵物，採集也是部落中重要的食物來源，她們和男人同樣肩負重任，在山林中區分是否能食用的野菜和水果等，是女孩們在每次的採集都需要學習的經驗。

「蕃童教育所」孩子們的合影

1910 年代，一群孩子們在「蕃童教育所」的生活紀錄。他們開始接觸日本文化，包括日本禮儀。一開始教育所的老師並非專業教師，而是由日本警察兼任。日本警察同時也管理民政和教育事務，所以警政的範圍幾乎涵蓋一切。

村落的軍事設施瞭望台

1910年代，村落中豎立著一座瞭望台，可以觀察敵人是否從遠處攻過來，提前示警和準備作戰。泰雅族以驍勇善戰著稱，民性強悍，瞭望台相當於軍事設施，頗具代表性。目前常見有關泰雅族瞭望台的圖像是在日本的繪葉書裡，通常只有單獨的瞭望台圖像。這張照片最珍貴的是，它反映了泰雅族村落建物的分布格局。前方右側是茅草屋頂的穀倉，左邊的房屋是石板屋頂，比一般泰雅族的茅草屋頂更堅固，不僅是重要的住所，也可能貯放著重要器具。前方空地則是村落的活動場所，包括祭祀、歌舞、餐會、作戰動員等。瞭望台位於左側位置，表示地形是右高左低的斜坡。崗哨衛士由右登梯而上瞭望台，朝左下望，以掌握敵人的蹤跡和動向。充分反映了泰雅族村落建築布局、物資使用以及社會組織動員的型態。

「蕃人學校」的年輕人

1910 年代，一群年輕族人在「蕃人學校」合影，學校建築是現代的磚石教室，並用傳統的竹籬笆圍住，山區開始出現新的建築和文化風貌。日本殖民有雙層意義，一是將現代化引入山區，二是逐漸去除族人本身的文化特徵與認同。由於原住民部落反抗趨於激烈，日本殖民教化的工作也快速強化，如此又激起了更激烈的反抗。

族人的標誌披肩

1910年代，一群圍著披肩的族人在湖前合影，其中一位女子手上則拿著外來品彩繪扇。披肩為泰雅族中有名的服飾，擁有保暖和裝飾的功能，不論男女都可以穿戴。冬季時的披肩會較厚實寬大，夏天的版本則比較清薄，甚至可以在晚上的時候充當被單，長度約在膝蓋部分左右，製作方法雖無分男女，但在穿著的方法上卻不同，男生大多圍繞在肩膀，女生則打結穿過腋下。

叼著菸斗的族人　（32頁）

1910年代，一群族人蹲在一望無盡的小米農地前，數名男子叼著菸斗，左方成年的女子則繡有紋面。在這張照片可以看到各式泰雅傳統服飾，披肩和胸兜，披肩有白底暗紅色條紋、紅底黑色線條紋的款式，以及看見泰雅族男子多蓄髮，在泰雅族的文化中，如果曾取過人首級就能在胸兜上織上紅色幾何圖案，除此之外泰雅族在服裝上沒有階級制度和社會地位的顯示，多為實際上的用途。

傳統編織的風情

1910年代，泰雅女人在部落中邊照顧孩子，同時教導尚未紋面的女孩編織技巧。婦女一天生活中除了務農、照顧孩子和採集，其餘的時間皆會用來編織。編織即是泰雅女人的人生，她們編織手藝的好壞，將直接影響女人自身的尊嚴以及在部落中的地位，所以泰雅女人唯有不斷的織布，才能在過程中找到自己和奠定自己在部落中的地位。

山前的家屋與犬隻

1910 年代，幾位族人在竹造的住宅前方合照，飼養的犬隻則在屋內休息乘涼，後方的山拔地而起、壯觀宏偉。泰雅族的建築物會根據不同需求建造，圖為半穴式的住家，泰雅族實施每家一屋的原則，在父母過世後，家中的兄弟們必須要另建新屋並且一起收集建築所需要的材料，泰雅族的家屋皆為一個方正的矩形，床通常會擺在角落邊，中間的空間則為日常生活起居用。

住家與穀倉

1910年代，右後方是族人的住家「平地竹屋」，左前方的則是「穀倉」。因資源獲取不易的原因，所以部落有時需要遷徙至別處以獲取更多農作和狩獵的資源，而竹屋因其材料易取且容易興建而出現。可以看見穀倉與平地竹屋的差異是穀倉的建築被刻意架高，因台灣本身氣候潮濕的緣故，這樣的建築有利於防潮，也不會遭到老鼠侵襲，辛勞種植出來的農作物才能繼續維持部落的生機。

一位婦女與公共穀倉

1910年代，一位婦女將她在山林所採集的食物放入穀倉。這裡是泰雅族部落主要收集糧食的地方，所有族人都會將食物囤放於此，因為不論是獵物或農作物，都是取自於獵場與山林，這些場域都是屬於部落和祖靈的，所以資源也不劃分歸屬，因為都是祖靈與山賜予部落的。

兩位婦女巡視農地

1910 年代，務農在泰雅族落中是屬於女人的工作。兩位婦女在農地巡視，查看是否有入侵者在農田裡偷竊農作物，因為農作物是泰雅族的主要食物來源，若遭竊取將帶來不小的影響。東部的泰雅族因其山巒地形，所以務農比重較大。他們需要經過選地、砍伐、焚燒、耕作、休耕、再選擇新耕地，而這樣的方法又被稱為「山田燒墾」。也因每次的地形與土壤條件，農作物皆有所不同，但泰雅族人依舊在農作上展現了極強的適應力。

族人步槍狩獵與漢人挑夫

1910 年代，一位族人勇士以步槍狩獵，進入熱兵器時代。
最早步槍是西洋殖民者和漢人帶來的，族人用獵物交換，
提高了狩獵的效率，而且也增強了部落戰爭的能力和殺傷
力，對於原住民歷史代表著嶄新的一頁。照片中的步槍是
火力強大的現代武器，並非落伍的土槍，右前方有一位漢
人挑夫，無意間進入了畫面，顯示此山區是原住民和漢人
混居的地帶。由於原住民依然有獵首的習俗，這種情況並
不多見。

獵首後的竹製頭骨架

1910年代，族人獵首後，以竹子架設頭骨架。不似排灣族以石板夾層放置頭骨，泰雅族人是以竹子為頭骨架。這張照片非常有名，成為某種象徵。後來仿照泰雅族頭骨架的展示，都是以這張照片為參照。

赤裸上身背著嬰兒編織的婦女　（46頁）

1930年代，一名赤裸上身、背著嬰兒的婦女，正在進行編織工作。在森丑之助的著作中，泰雅族婦女並沒有赤裸上身的照片，這張照片是取自1930年代《台灣寫真大觀》上的照片，原日文圖說中並沒有說明拍攝地點，所以實際地點仍需進行考證。泰雅族婦女熟悉紡織技能時，臉上就能紋上紋面。織布機上的布以麻線編織，原料厚重，直到接觸漢人、日人文化後，才改以棉線和毛線製作，布的設計多為白紅混色的條紋，染料主要為薯榔的根部搗碎加水而成的暗紅色染液；而女子在做日常編織工作時，仍須照顧族裡的兒童，平衡家庭裡的內部事務。

超大型高腳式穀倉

1930 年代，超大型高腳式穀倉，即使目測，長度也至少約 30 公尺。在現有關於泰雅族穀倉的老照片中，此為僅見的影像。此照片取自《台灣寫真大觀》，拍攝時間在 1930 年代，此時日本當局已經全盤掌控原住民山區，並且在主客觀因素下，改變其基本的生存型態。最早通常泰雅族的穀倉均設於每一戶的門口，方便守護和取用食物，富裕的貴族可能有兩座以上的穀倉，但也是在自家附近。可是這座超大型的穀倉卻是獨立地蓋在附近的山坡上，其規模不似屬於單一住戶，應該是具有某種集體性質，可能是好幾家甚至是整個村落所共有。此外，泰雅族貯存的食物主要是小米、黍、玉米、高粱、番薯、芋頭等，最大宗的主食仍然是小米。如此大型的穀倉貯存的小米數量必然相當豐富，意味著此村落主要的生計是耕種，而且收穫豐盛。綜合以上因素，可以推斷，照片中穀倉所屬的泰雅族社區，無論是自主的，或由當局協助，已經發展成為以耕種為主，具有高生產力，同時也建立了某種集體協作的生產、貯藏以及分配的社會組織形態。

村落與生活型態的逐步轉變

1920 年代末，位於谷底平原的泰雅族村落，整齊排列，均為茅草屋頂的木造屋。這張照片取自《台灣寫真大觀》，大約攝於 1920 年代末，與森丑之助工作團隊於 1910 年代初所拍攝的泰雅族村落已有所不同。早期村落均建於山坡上，居高臨下，易守難攻，具有安全防衛的考量，也反映生存環境中有著頻繁的部落戰事。此外，村落位於高山也有利於狩獵生計，因為野生動物多活動於深山裡。此照片的泰雅族村落卻是在山谷底的平原上，幾乎無險可守，顯示部落戰事基本上已經被日本當局嚴格禁止了，故無安全之虞，大體上是生活在和平的環境。至於選擇有寬廣的山谷平原，主要是利於各種蔬菜、水果和各種可食用植物的種植，意味著耕作的比例正逐漸擴大，這些都意味著生活型態的逐步轉變。事實上，此一時期，原住民的生活型態正發生更劇烈的變化。由於工業化與大規模的山林開發，原住民逐漸轉變成為林場、牧場和農場的工人。1930 年爆發了慘烈的霧社事件，殖民當局強行推動同化政策，要求語言、服飾和節慶等遵行日本，並禁止一些如紋面等傳統習俗，原住民則進一步喪失本身民族文化的特徵。

排灣族

兩位身穿珍貴雲豹裘衣的排灣族貴族

1910 年代，兩位身穿珍貴雲豹裘衣的排灣族貴族站在自家門口。雲豹是山區的珍稀動物，排灣族有狩獵雲豹的傳統，獵得的雲豹有多種用途，其一就是做成豹紋斑斕的皮裝，為排灣族最高級別的服飾，只有貴族才有資格穿戴。從照片中兩位貴族身穿的皮裝觀之，被獵取的是體型較大的雲豹。事實上，目前可見不少排灣族貴族穿戴雲豹皮裝的照片，連小貴族都穿，反映獵豹已經行之多年。此外，照片中由石板鋪成的地板和平台上，十分平整，顯示排灣族有極高石材切割和石屋的營造工藝技術。

一位頭目與祖靈像

1910年代，一位部落的頭目與祖靈像，後方是頭目的家，通常祖靈像都會置放於頭目家的前面，以此凸顯頭目的貴族身分，祖靈像是由石頭所雕刻的，需要極細膩的雕刻能力，所以在部落中除了頭目或貴族外，其餘的族人無法擁有祖靈像，因為也只有這群部落中的貴族有資格號召人手來進行這項雕刻作業。排灣族人除了置放於外的石雕祖靈外，還有在家中的中柱也會將其雕刻成祖靈像，以此獲得祖靈的庇佑。此外，頭目的住宅和前方的空地，均以整齊的石板鋪成，綠草植物的裝飾，大型的陶盆，加上頭目本身華麗的服飾等，再再流露著高貴的氣息，也反映排灣族編織、雕刻、營造以及擺飾的高水準。

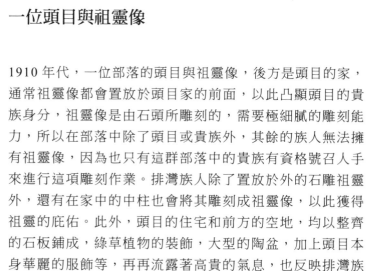

卑南大王後裔華麗的服飾和文明型態

1910 年代,三位卑南族貴族穿著華麗的服飾,包括佩刀、細緻多彩的頭飾,以及各種項鍊,凸顯了他們極為尊貴的地位。背後的建築使用大型木頭和粗大竹子興建而成,不僅堅固,而且十分氣派。此照出自森丑之助的著作,原圖說稱其為「排灣卑南社」。由於卑南族人口較少,住屋、服飾與排灣族近似,語言也受到影響,因此被最早的日本學者誤為排灣族的旁支。事實上,台東的史前文化博物館重建卑南史前遺址時,即參考東排灣族的傳統住屋。總的來說,卑南族分布在中央山脈以東、卑南溪以南的海岸地區、以及花東縱谷南邊的高山地區,分知本社和卑南社兩大支。知本社以石板屋為主,卑南社則發展出竹屋,如照片所示。卑南族在平原地區從事農耕,具有很高的建築營造、織造、繪圖設計等工藝技術能力,但仍然保留狩獵和獵首的習俗。卑南族男人成長過程需接受嚴格的體能訓練,具有尚武精神。清初,卑南族協助平定朱一貴事件,由大清冊封卑南大王,賜朝服,威震原住民各族,並由諸族部落向卑南族獻貢,成為卑南歷史的極盛時期。照片中三位卑南貴族佩刀的尾端掛著幾束長髮,均是獵首後割下的敵人的頭髮,代表著英勇戰鬥事蹟以及崇高的地位。

頭目與穀倉合影

1910 年代，盛裝的頭目家族在自家前合影。頭目佩戴著鑲嵌真牙的帽子，穿著拼布長袖短上衣，氣勢強悍精鍊，頭目的兩名小孩穿著只有貴族能擁有的華麗圖紋漢服，頭帶花草編織而成的環形頭飾，女子的服裝也受到漢服文化影響。排灣族的服飾經常可見紅黃橙綠四色，推測是由琉璃珠上的顏色啟發，或是受大自然常見的色彩影響。右方的穀倉是家家戶戶儲存小米、藜麥糧食的地方，通常穀倉會設置於家屋內或是建為高床式的建築，以避免蟲害和潮濕。

豐富多彩的服裝款式 （62頁）

1910年代，一群族人們在祖靈的木雕旁集合合影，有的叼著菸斗，有的則頂著帽子防雨，土生的大黃狗守望著部落，後方則是高腳的穀倉建築。排灣族有馴養狗的文化，並視其為打獵的夥伴之一；且是少數會在服飾上展示階級地位的民族，因此服飾特別精美華麗，具有濃厚的裝飾主義，過往接觸到許多荷蘭時期進口的、顏色鮮豔的荷服材料，以及和漢人接觸而交易到的漢服，因此服飾上的設計漸漸開始吸收其他文化，但由於材料對於族人來說難以取得，所以只有貴族可以穿著特殊顏色或是帶有繡花紋裝飾的衣服。

住家與穀倉一景

1910年代，兩名具有貴族身分的男子在住家前合影，其中一位披著受漢服設計影響的披肩，左側的房屋為高腳穀倉，家屋旁則擺放著剩餘的石板材料和陶壺器具，以及種有類似菖蒲的植物，用以驅逐蛇類。排灣族常見以石板作為地面，石塊堆疊的小橋圍牆，貴族的房屋屋頂通常為石板搭建而成，而平民則多為茅草覆蓋。

三位貴族的文明縮影：豹裘、漢衣、石屋、蛇雕以及骷髏頭

1910 年代，三位貴族男子蹲在住屋前。這張簡單的畫面幾乎是排灣族的文明縮影。右邊的男子穿著雲豹裘皮，反映排灣族獵捕雲豹的傳統，以及豹皮作為最尊貴的穿扮的文化。左邊的老者身穿漢人衣服，反映排灣族與漢人商業關係。三人背後的石板屋是排灣族典型的住宅建築，屋簷下方是一排百步蛇形的雕刻，代表著民族傳統紋飾。左側石板夾層中有骷髏頭，展現排灣族戰士獵首的英勇事蹟。所以，這張照片中集中了豹裘、漢衣、石屋、蛇雕以及骷髏頭，幾乎是排灣族的文明縮影。

部落男女合影　（68 頁）

1910 年代，一群部落內族人們列隊式的在山坡旁，或站或蹲，左二男子身著花紋特殊的外來服裝，最右側的女子則頭戴三角形喪帽、身穿喪服，身旁的族人手抱剛出生的幼兒，畫面中男女老少容顏、神情、服飾皆不同，右側的竹欄與石牆用來抵擋因下雨滑落的泥土。

平民群像

1910 年代，部落內的族人聚集在大樹下合影，後方有位獵人裝扮的族人正要出發打獵，身著淺藍色平民服飾的婦女與孩童們聚集著為他送行。排灣族的服飾規範是非常嚴格的，平民不可擅自紋繡圖樣，服裝比較樸素無裝飾，而排灣族的婦女通常都著淺藍色的上衣，貴族階級才可使用深黑、深藍或大紅色，但如今界線已經混淆，平民也可穿著貴族服飾。

族人日常的搬運工作

1910 年代，一男一女的排灣族人在運送採收到的植物，男子使用竹竿運送陶器水壺、檳榔袋，女子則頭頂竹籃扛著芋頭，男子身旁展示著成堆的頭骨戰績，對於他們來說這是日常工作。排灣族女子從小就開始訓練用頭負重的能力，因為頭頂重物需要高度技巧，還要學習如何同時行走、起身與蹲下。由於農地離部落距離不遠，所以用頭頂竹籃的方式，後背還能空出來背負嬰孩，雙手則能進行其他工作，讓一切更有效率，男子則多用扛、搬的方式，將貨物綑綁在竹竿上取得平衡，此種方式機動性高也較適合長途搬運。

乾燥菸草與織布的過程

1910年代，兩名女子蹲坐在石板地上，左方女子一邊嘴裡叨著菸斗一邊在製作菸草，準備將菸草陰乾並稍候揉碎，右方女子則使用棉線織布，腳上的器具是移動式織布機。菸草在過去的排灣社會裡具有很高的價值，男女皆有吸菸的習慣，並會在家屋附近種植菸草植物，若有人家中缺乏糧食，他便可以透過菸草來換取食物，男子也會製作精美雕刻的菸斗送給心儀的女子，同時他們也相信，逝去的親人靈魂會化作煙霧回來探訪，因此吸菸對於原住民是一項具有多重意義的活動。

排灣族傳統營造技術的吊橋

1920 年，排灣族的大型吊橋，穿越山溪谷地，連結不同的村落。吊橋是以粗壯的樹藤相互纏繞而成，非常牢固，製作工法世代相傳，反映排灣族傳統上高超的編織、工藝以及營造技術能力。強固便捷的吊橋代表排灣族村落間的良好關係及優良的基礎設施，提高了部落生產、運輸以及作戰動員能力。此外，由於造型優美，具有藝術性，吊橋也成為了排灣族的民族象徵之一。

少年公廨

1910年代，一名年輕族人挺拔的站在公廨上守衛觀望敵人的動向，竹竿搭建的公廨高腳結構清楚可見。「公廨」，可以作為青年會所、政治中心或祭祀場所，少年會為了接受嚴格訓練而進入公廨會所，以接受教育和保衛部落的相關知識，培育膽識、體能，並且自此之後就會住在公廨裡數年之久，是當時的男子學校，類似於現今普遍化的國民教育，並嚴禁女子和兒童靠近和入內，通常要至結婚時刻才能夠離開。

牡丹社族人集合

1910 年代，一群排灣族牡丹社族人，男女裝備齊全的站在小徑旁大合影。穿著長裙的女子手持拐杖站在下排，男子著短上衣、配戴獵刀站在上排，每個人身上則必備檳榔袋。排灣族的拐杖大部分為竹製或籐製品，拐杖設計為 8 節、並會在外表彩繪線條圖騰，獵刀則是青銅材質，作為隨身配戴之物，以實用的功能為主、並不會特意雕塑圖騰，這些都是隨著生活發展而出的相應工具。排灣族具有很高的工藝技術能力，並且饒勇善戰。清代，牡丹社族人最早與來犯的日軍現代部隊作戰，在台灣史上留名。

村落畜養的牛和豬

1910 年代，村落中的空地所畜養的牛和豬。在排灣族碩大的部落中，排灣族的主要食物來源是農作物與獵物，但農作物需看氣候，而獵物需看祖靈是否願意賜予部落，所以畜牧也漸漸的成為排灣族部落中非常重要的一項來源，甚至在某些部落中的慶典需要以動物作為祭品時，部落內所飼養的動物便會成為主要祭品來源。

戴著日本警帽的兒童

1910 年代，在茅草石板屋前三名貴族女子牽著兩名孩童，
身旁的男子穿著打獵套裝，手持獵槍，右方則是兩位平民
男子，特別的是孩童戴的帽子看起來像是日本警帽，顯示
日本的警政已經逐步深入了山區生活。這張照片的兒童所
戴的帽子無意間呈現了時代的背景。

族人與村落中央的骷髏架

1910年代，一群排灣族族人站在村落中的空地，男女老少均有。值得注意的是，右側有一座相當大座的骷髏架。現存影像文獻顯示，骷髏架多設於村莊外的樹林間。不過，這張照片中的骷髏架卻是安放在村落中央的空地上，也是部落活動的公共場所。由於獵首被視為英勇的行為，獵首越多地位越高，因此敵人和仇家骷髏頭的展示，等同勝利榮耀的宣示，骷髏架的性質有如「凱旋紀念碑」，安置於部落公共空間也就有了合理性。族人的左後方豎起日本國旗，顯示殖民當局的官員已經進入山區部落，但尚末以武力強制改變原住民的生活習俗。

排灣族建築之固與造型之美

1910 年代，一位排灣族人坐在自家門前吸著菸斗，享受休閒時光。此照片令人注目的是畫面中的建築物，左邊是石板屋，石板切割鋪疊非常整齊，堅固耐用，可避冬日酷寒，作室內安居之用；右邊是茅草屋，密實高大，可遮夏日烈陽，作戶外作息之途。兩者建材堅實牢固，造型優美，令人驚嘆！

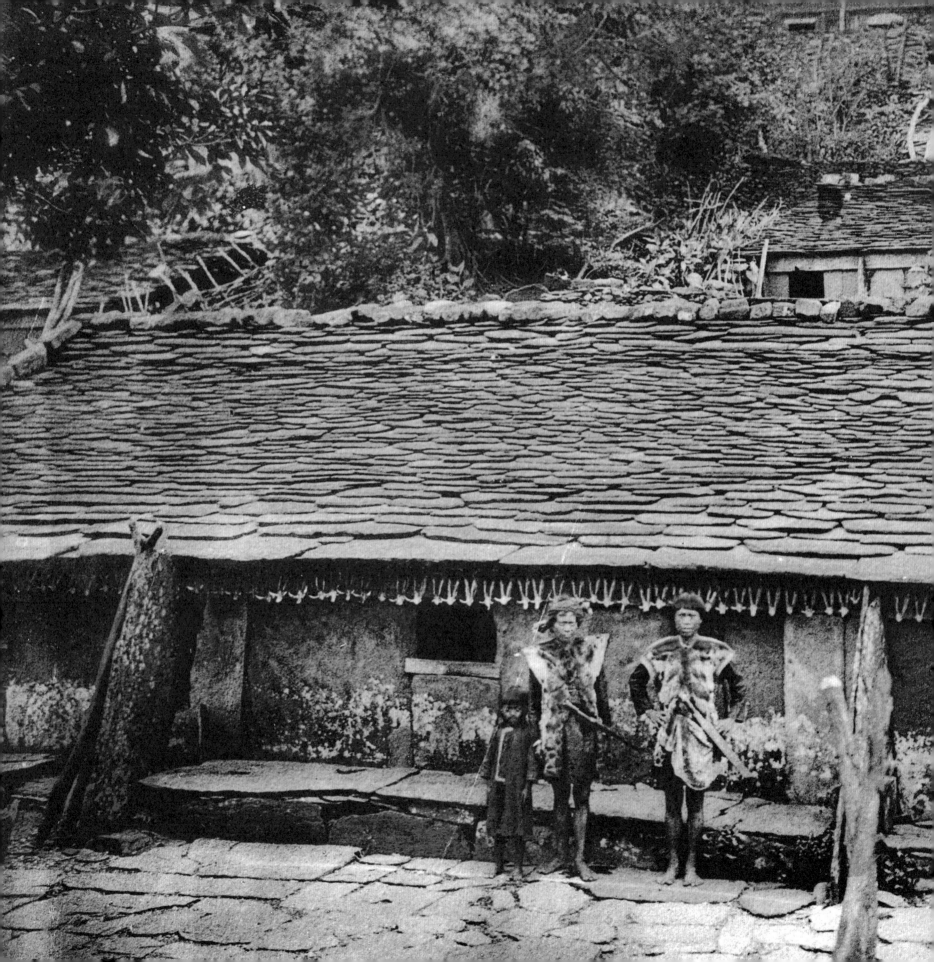

貴族住宅與周邊環境的不凡氣派

1910年代，兩名貴族身穿豹皮裘，牽著兒子頗具威風地站
在自家屋前，家屋占地廣大，屋簷底下掛著細緻精美的雕
刻，前方的空地則做為部落會議的集合場所。後方山坡上
層層戶戶的石板屋都在向頭目致敬，展現了部落中日常的
文化。排灣族時常利用當地的石材建屋，建蓋石板屋通常
會動員至全部落的人一同興建，一棟石板屋最少需要一個
多月的時間才能建築完成，在當時的部落裡也算是一件大
工程。這張照片清楚顯示排灣族貴族階層住宅以及周邊環
境裝飾的不凡氣派。

穿著漢人華服的排灣族女子

1910年代，在石板屋與檳榔樹相互錯落的部落裡，叉著腰的排灣族女子穿著刺繡繁複的漢人服飾，身分應為部落公主，她左側的族人服飾風格也受到了漢服文化的影響，屋旁堆疊著一個個帶有百步蛇紋的陶壺。排灣族貴族婦女穿著漢人華麗的刺繡服飾，顯示他們與漢人有密切的商業往來，在生活層次上，也有逐步漢化的跡象。

排灣族觀景平台：石板夾層骷髏頭的美觀與榮耀

1910年代，兩名盛裝的排灣族男子坐在村落的觀景平台上。平台是石板鋪墊而成，台上有曬乾的菸葉，夾層中放置一排骷髏頭。對照森丑之助的工作團隊所拍攝的排灣族照片，排灣族出草獵首所取得敵人的骷髏頭，不僅大量成堆放置在村外森林的大型骷髏架上，也放在村中空地骷髏架，更放在貴族石板屋的夾層，甚至觀景平台石板夾層中。不僅展現部落戰士的英勇，實際上也成了一個美觀的裝飾品。可以說，在排灣族村落的貴族住屋周邊，骷髏頭的裝飾品四處可見。不僅無人為怪，甚至代表著美觀與榮耀。

部落格局中社會階層與生產型態的關係

1910 年代，一個部落格局的全景，攝影者站在高處，前方的石板屋是貴族的住家，下方的茅草屋為平民的住家和穀倉，形成圍繞貴族住家的格局。此外，排灣族喜吃檳榔，因此可看見部落中的檳榔樹林立，還有蓬勃生長的芋頭葉，因為芋頭是排灣族的主食之一。石板屋的中間可以看見堆疊的木頭架，供日後的搭建材料使用。這張照片顯示了排灣族村落中社會階層與生產型態之間的關係，十分生動。

排灣族勇士、陶壺聖物以及百步蛇圖騰

1910年代，一位排灣族勇士守護著一組陶壺。排灣族具有極高的工藝技術能力，藝術性很強。「排灣族三寶」指的是陶壺、青銅器和琉璃珠，顯示已經具備取陶土、燒陶、冶礦以及繪畫設計的能力。照片中的傳統陶壺造型優美，工藝熟練，它們不僅是容器，也是部落的聖物，代表著祖靈在世間的居所。照片中下方一只陶壺上有著百步蛇圖騰，源於排灣族民族起源的神話故事。

自家門口的頭骨架

1910 年代，兩位族人站在自家門口石板夾層的頭骨架，獵捕這些頭骨的兩名戰士神情自傲不遜，左方男子的皮帽以及武具透露出他才剛結束獵捕的活動，右方的男子則是經驗老道的戰將，在木頭門框後方就是他們休憩的家屋。在森丑之助的著作中，排灣族頭骨架攝影作品數量最多，顯示獵首是排灣族重要的習俗，也反映了部落強悍的個性。

置放首級的板岩石架

一名獵人與置放頭顱的石架合照,他準備要對這些首級供奉酒水,以此歡迎敵人靈體的到來。雖說這些首級是自己親手割下的,但任何一位排灣族人都不得對這些首級有不尊重,他們必須如對待賓客般的款待這些首級,排灣族人深信,若是他們不遵循,未來的獵首行動都將一無所獲。獵首如一套完整的祭典般嚴謹,上百年來的排灣族都遵循著古訓出草。

最大的骷髏架

1910 年代，兩位少年站在最大的骷髏架前，石板疊成的多層架中，放置了大約五百多個骷髏頭，均為敵對部落族人和仇家的頭骨。此照片取自日本學者森丑之助的著作，後者有關排灣族的取材研究相當集中於屏東深山中的望嘉社，當地有四百多戶，為強悍善戰的部落，有幾個骷髏架，最大的一座即照片所示。百年後，舊社族人已遷村他地，遺址淹沒在荒煙漫草中，成為神祕之地。

排灣族的熱鬧慶典「收穫祭」

1910年代，排灣族每年會在部落中舉辦這場最大型的盛宴，整個部落生機勃勃，大家手牽著手唱著古調、跳著舞，以此銘謝祖靈在這一年所賦予給部落的所有資源。在「收穫祭」到來之前，整個部落的人都會提前先製作食物與釀造小米酒，在收穫祭當天大肆慶祝，祭司主持著祭典，並且將所收穫的農作放入穀倉。此遠景照片清楚顯示出屏東地區的山岳以及山間的溪流和谷地。

一位穿珍貴雲豹裘皮的排灣族貴族盛裝接待外地訪客

1930 年代末，一位穿著珍貴雲豹裘皮的排灣族貴族攜家人盛裝，在本族村莊中接待外地訪客。此照片取自屏東自動車行知名商人林榮生的私人相薄。由於林榮生是台北第三高女助學會的重要成員，他的相冊中包括了使用多輛自動車接送第三高女學生在屏東修學旅行的照片。因此，合理的推測，此照片中的訪客應是第三高女的師生。此外，照片中排灣族村落的石板路、石板屋、茅草屋、樹林區等，均規劃興建地整齊寬敞，格局一如現代社區，顯示這不是原始的排灣族村子，而是樣板化的原住民村落，作為原住民民族文化展示，以及接待上級長官和各訪客的模範社區。在此照片中，穿雲豹裘皮的排灣族貴族與穿水手服的高女學生並排列，是十分少見的組合。

一位穿著珍貴雲豹裘皮的排灣族小貴族和外地訪客合影

1930 年代末，一位穿著珍貴雲豹裘皮的排灣族小貴族，與三位外地訪客合影。拍攝地點在屏東排灣族社區，小貴族隨著尊貴的貴族父親出來接待訪客，由客人拍攝了這張紀念寫真。第一次看到這張照片的人，立即的反應可能會驚呼：「哇，連小孩子都穿珍貴的雲豹皮衣，那被獵取的雲豹數量應該不少！」事實上，很可能就是如此。徐宗懋圖文館所收藏的早期原住民照片中，穿著珍貴雲豹裘皮的不同排灣族人的照片至少有 10 幅，顯現了最少 15 張大小不一的雲豹裘皮，這還不包括現存其他的雲豹皮照片。而且，這只是拍下照片的，其他沒有拍下照片的至少 10 倍以上。這個數量在印證台灣雲豹曾經存在，甚至仍然存在著，具有科學的意義。目前有一些論述指台灣從來沒有雲豹，並辯稱現有台灣雲豹標本取樣做 DNA 測試，證實是東南亞雲豹。他們判斷早年排灣族人穿的雲豹裘皮，是日本人從東南亞買來贈送或賣給他們的。這種說法違反基本常理，以下試說明：

（一）商業方面：首先，稀有野生動物的毛皮，包括虎皮、獅皮、豹皮等在國際市場上是搶手的高價品。戰前，殖民者為了追逐厚利，不僅自己大量獵殺，也直接跟原住民購買珍貴獸皮。因此，由原住民獵殺稀有動物割取皮毛賣給殖民者，以換取槍枝彈藥或生活用品，屬於殖民經濟的一種型態。現在則倒過來推論說，日本人以高價買進東南亞雲豹皮再賣給台灣原住民，實難以想像，因為台灣原住民並沒有黃金鑽石，或任何等價的物品可以交換或購買昂貴的雲豹皮，無論是日本商人或任何地方的商人，都不可能有這種怪異的念頭。至於贈送，在某種特殊的情況下，送一、兩件或許可能，但超過百件以上的雲豹皮的贈送涉及可觀的資金，私人無利可圖，無此動機。如果出自於殖民政府，則動用公庫，則必然有財務預算、會議以及公開饋贈儀式的宣傳以遂行政治恩賜之目的，這種規模的長期贈送怎麼可能沒有任何商業、社會以及文化因素的正式文獻記載呢？豈可能像否定論者所說，如同贈送鳳梨酥伴手禮那般輕鬆容易、無關痛癢呢！總之，有關日本人在國際市場上購買了大批高價的雲豹皮，不是賣給多金的歐美商賈而是來贈送或賣給貧窮的台灣原住民的說法，違反了基本常識，實屬信口臆測。

（二）文獻方面：排灣族在民族神話、語言以及雲豹捕獵的傳述非常多，早已是民族傳承的一部分。此外，日本時代報刊亦數次報導捕獵雲豹的消息，包括 1924 年日本學者森丑之助在「台灣時報」發文，表示之前曾在排灣族古樓社，看見族人飼養捉回的小雲豹（通常是母豹遭獵殺後遺留的幼豹），而且盛裝的族人一律披著豹皮。

（三）台灣雲豹 DNA 測試方面：這個議題其實是邏輯的悖論：由現有雲豹標本的 DNA 測試，證實與東南亞雲豹相同，所以推論台灣沒有雲豹，現有標本是外來的。問題是，既然台灣沒有雲豹，又如何設定存在台灣特有亞種雲豹的 DNA，作為東南亞雲豹 DNA 的不同對照呢？這是邏輯的混亂。事實上，2017 年經過分子技術鑑定，已否定了台灣特有亞種的推測。

總而言之，台灣雲豹的存在無庸置疑，而且曾經有相當的數量，所謂台灣從未有雲豹的說法不過是標新立異的拼湊和臆測而已。更有甚者，雲豹與排灣族的民族生命記憶始終結為一體，否定論者等於是對原住民是莫大的羞辱。儘管如此，另一方面，今天台灣雲豹的蹤跡確實消失多年，因此絕跡的可能性是存在的。不過，主要原因並非排灣族的捕獵，而是雲豹的傳統棲息地遭到破壞之故。台灣雲豹原來棲息地是屬於溫帶樹林的山地，這一地帶也是開發最厲害之地方，包括樹木砍伐、鐵道和公路開闢、管理所和大量觀光旅社的興建，每年成千上萬湧入的遊客等。如此，雲豹只能遷至人煙稀少氣候更冷的玉山和大武山一帶，但牠們的體質不可能在短期內完成禦寒演化，寒帶動物通常皮毛較長，脂肪較厚，天生具有禦寒的能力，雲豹並非如此。此外，雲豹是肉食猛獸，需要獵殺中型動物如山鹿、羌、山羊、野豬作為食物，一旦遷到冬天寒冷飄雪的高山地區，食物的來源將大量減少。雲豹族群由溫帶遷徙到寒帶的過程中，必然因受冷挨餓和疾病等問題而大量死亡，更何況，初生幼豹的存活率本來就低。即使少數雲豹抵達高山地帶，能否克服體質和環境的不適應而長期存活？恐怕也不樂觀。畢竟台灣雲豹不是天山上全身白色長毛的雪豹。

布農族

家族合影與穿著漢人高級服飾的婦女

1910 年代，一個家族的合影，右邊兩位婦女身穿純漢人婦女的服飾。布農族世居於中央山脈兩側，屬於高山民族，主要以狩獵為生，擅於皮革製作工藝，用獸皮做成衣物和各種裝飾。18 世紀，布農族曾進行了大遷徙，此後族人散居南投、花蓮、台東、花蓮等地。服飾方面，布農族男子以白色為底，搭配長袖外敞衣，再搭配胸衣和遮陰布。至於女子則偏向漢人風格的式樣，以藍黑色系為主。值得注意的是，右邊兩位女子穿著純漢人婦女的服飾，而且材質和色彩裝飾頗為高級，非農村漢族婦女的常服。此照片反映，布農族與漢人有著相當密切的商業往來，包括高級衣物的交易。這裡也反映了民族文化融合的鮮明痕跡。

傳統手工紡織

1910 年代，一位赤裸上身的婦女正在進行紡織工作，一群孩子圍繞在她身旁。在森丑之助的著作中，這是唯一一張赤裸上身布農族婦女的照片。布農族一般是利用獸皮、傳統麻布，以及外來的棉布作為衣服的材料，傳統的織布多以苧麻為原料，經過剝皮、抽絲、染曬再紡織成布後，予以縫製而成。布農族婦女運用嵌織及夾織的技巧，以「地機」織布，在更早期婦女在織布時，會利用一種以獸骨製成的細長三角形理線簪來整理經線，其上刻有幾何形直線紋飾。為了方便起見，婦女多將理線簪插在頭髮上，後來漸漸地轉成為一種髮飾，而不再只是實用的理線工具。

族人生火稍作小憩

1910 年代，一群族人在打獵和採集途中，在空地裡生起火堆稍作休息，火堆煙霧瀰漫，族人彼此嬉笑交談，稍待晚點整裝出發。布農族的狩獵文化非常興盛，是族內每一個男子都要學會的技能，且布農族獵人在早期上山狩獵時，會為了夜宿、休息而搭建簡易的獵寮，而日本人則稱呼此文化為露營。

族人遷徙途中

1910 年代，群聚於河岸邊休憩的布農族男女。日本時代時，布農族人一向居住於高海拔地區，不利於官方管理。1931 年，日本政府宣示透過集團移住改善原住民的生活，實質是為了達成統治上的方便。集團的遷徙經過重重挑戰，大量族人因新環境的適應不良而感染瘧疾，遷徙後社會文化也遭到了改變。

男子、小孩以及屋簷下掛的骷髏頭

1910 年代，一座石板屋前站著一對兄弟和兩個孩子。左邊為石板屋，與排灣族的石板屋近似，屋簷下懸掛著好幾個骷髏頭。布農族世居於南投山區，後散布於花東、高雄等地，有獵首的習俗。照片中屋簷下掛的骷髏頭均為屋主人所獵首的勝利展示，骷髏頭越多，在族人中的地位越高。

壯丁眾多的貴族家庭 　（124 頁）

1910 年代，一群族人聚集在石板屋前，由於石板屋是貴族的住屋，照片顯示這個貴族家族人員眾多，而且有許多壯丁，代表著作戰和狩獵的強大能力，也是生產力的象徵。這些都是貴族家族力量的基本條件。

HISTORY 82
閃 耀 台 灣 三

台灣山鄉原民

策畫執行　　　徐宗懋圖文館
中文撰文　　　徐宗懋
責任編輯　　　陳萱宇
主編　　　　　謝翠鈺
行銷企劃　　　陳玟利
藝術總監　　　陳怡靜
美術編輯　　　鄭捷云
數位彩色復原　李映彤

董 事 長　　　趙政岷
出 版 者　　　時報文化出版企業股份有限公司
　　　　　　　108019 台北市和平西路三段 240 號 7 樓
　　　　　　　發行專線：(02)2306-6842
　　　　　　　讀者服務專線：0800-231-705
　　　　　　　　　　　　　　(02)2304-7103
　　　　　　　讀者服務傳真：(02)2304-6858
　　　　　　　郵撥：19344724 時報文化出版公司
　　　　　　　信箱：10899 台北華江橋郵局第 99 信箱
時報悅讀網　　http://www.readingtimes.com.tw
法律顧問　　　理律法律事務所　陳長文律師、李念祖律師
印刷　　　　　勁達印刷有限公司
初版一刷　　　2022 年 6 月 10 日
定價　　　　　新台幣 480 元

缺頁或破損的書，請寄回更換

閃耀台灣 . 三，台灣山鄉原民 / 徐宗懋圖文館作 . --
初版 . -- 台北市 ： 時報文化出版企業股份有限公司，
2022.06
　面 ；　公分 . -- (History ； 82)
ISBN 978-626-335-423-4(精裝)

1.CST：台灣史　2.CST：台灣原住民族　3.CST：照片
集

733.21　　　　　　　　　　　　　　　　111006926

ISBN 978-626-335-423-4
Printed in Taiwan